LES CENDRES

DE

MIRABEAU

MÉMOIRE

ADRESSÉ

A M. BOURGEOIS, MINISTRE DE L'INSTRUCTION PUBLIQUE

ET DES BEAUX-ARTS

PAR G. PALLAIN

MAIRE DE CONDREVILLE (LOIRET)
PRÉSIDENT DE LA SOCIÉTÉ HISTORIQUE ET ARCHÉOLOGIQUE
DU GATINAIS

PARIS

TYPOGRAPHIE DE E. PLON, NOURRIT ET Cⁱᵉ

RUE GARANCIÈRE, 8

1890

LES CENDRES DE MIRABEAU

LES CENDRES

DE

MIRABEAU

MÉMOIRE

ADRESSÉ

A M. BOURGEOIS, MINISTRE DE L'INSTRUCTION PUBLIQUE

ET DES BEAUX-ARTS

Par G. PALLAIN

MAIRE DE CONDREVILLE (LOIRET)
PRÉSIDENT DE LA SOCIÉTÉ HISTORIQUE ET ARCHÉOLOGIQUE
DU GATINAIS

PARIS

TYPOGRAPHIE DE E. PLON, NOURRIT ET Cᵉ

RUE GARANCIÈRE, 8

1890

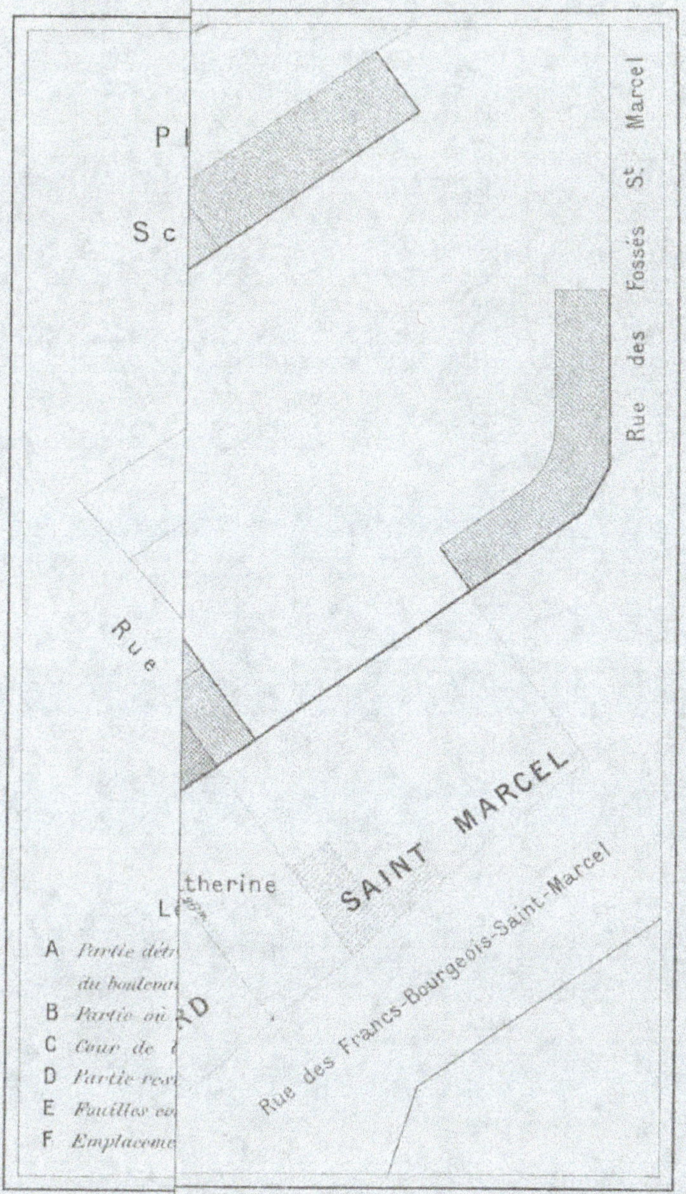

Rue des Fossés St. Marcel
Rue
SAINT MARCEL
Rue des Francs-Bourgeois-Saint-Marcel
therine
A   Partie détruite
    du boulevard
B   Partie où
C   Cour de
D   Partie reste
E   Fouilles en
F   Emplacement
Gravé par E. Morieu
Paris Lith. Lemercier et Cie

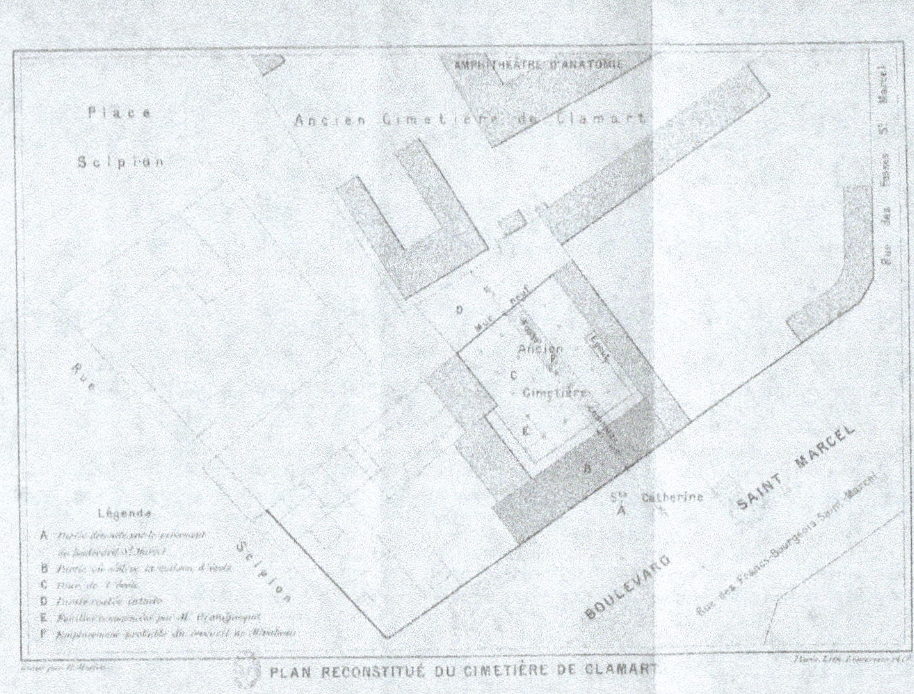

PLAN RECONSTITUÉ DU CIMETIÈRE DE CLAMART

LES CENDRES

DE MIRABEAU

La maquette du monument qui sera dressé au Panthéon en l'honneur de Mirabeau est prête, le sculpteur Injalbert s'est mis à l'œuvre, il semble que l'heure de la justice ait sonné pour la mémoire du grand politique que Gambetta ne craignait pas de comparer à l'incomparable cardinal de Richelieu. L'heure est venue, à coup sûr, de tenter la piété des Pouvoirs publics en leur faisant connaître le sort de la dépouille mortelle du grand tribun.

Le corps de Mirabeau [1], déposé en 1791 dans les caveaux du Panthéon, en fut retiré le 21 septembre 1794

[1] Mirabeau est né au Bignon, canton de Ferrières, arrondissement de Montargis (Loiret), le 9 mars 1749. Un décret en date du 13 décembre 1881, rendu sur la proposition de M. Waldeck-Rousseau, ministre de l'Intérieur du cabinet Gambetta, a déclaré que la commune du Bignon porterait dorénavant le nom de « le Bignon-Mirabeau ». La commune du Bignon-Mirabeau a élevé au grand orateur, en 1889, une statue qui est due au ciseau du sculpteur Caillé, l'auteur du Voltaire du quai Malaquais.

et inhumé au cimetière de Clamart. Tous les historiens de la Révolution sont d'accord sur ce point. L'inhumation fut faite pendant la nuit et sans nul cérémonial. Michelet, pourtant, eut connaissance d'un procès-verbal mentionnant cette translation.

Le terrain de Clamart, propriété des hôpitaux de Paris et transformé en cimetière dès 1672, a reçu bien des morts illustres : c'est là qu'ont été inhumés en 1802 les restes de Bichat ; là aussi était le corps de Pichegru, sous un tombeau de pierre en forme de corbeille et recouvert d'un casque antique : ce monument avait été élevé au-dessus de la fosse commune où fut jeté, après son suicide, le cadavre du conquérant de la Hollande. Le cercueil de Pichegru a été retrouvé et exhumé en présence des descendants du général ; ses restes ont été transportés à Arbois, et sa pierre tombale figure aujourd'hui au musée Carnavalet.

Or, Pichegru avait été jeté à la même fosse qui avait reçu le corps de Mirabeau, et dans un endroit distant de deux pas, à peine, de celui où reposait la dépouille du grand tribun. Il eût été facile, en continuant les fouilles auxquelles donnèrent lieu les recherches faites pour découvrir le corps du général, de s'assurer de la place qu'occupe certainement encore aujourd'hui le cercueil de plomb de Mirabeau. On ne l'a pas fait ; et pourtant, tout concourt à établir que ces précieux restes se trouvent là : la tradition, les historiens, les témoignages, l'étude des changements apportés depuis cent ans au terrain de l'ancien cimetière, permettent d'assurer avec certitude que le corps du grand politique est encore à l'endroit où il fut jeté au sortir du Panthéon, et que le sol où il repose, à trois mètres de profondeur, n'a subi aucune modification depuis le 21 septembre 1794.

Il importait d'abord de rechercher quels étaient les changements apportés au terrain de Clamart depuis l'époque révolutionnaire. L'étude des plans d'expropriation, conservés à l'Hôtel de ville, permet d'affirmer que le sol du cimetière, du moins dans la partie où se trouvait la fosse commune, a été fort peu remué depuis un siècle. Le percement du boulevard Saint-Marcel en a absorbé, il est vrai, une partie (à peu près six cents mètres carrés, sur une superficie totale d'environ deux mille cinq cents mètres carrés), mais il est bien évident que les travaux n'ont pas rencontré le cercueil de Mirabeau; car, si cette précieuse découverte avait été faite, le public n'aurait pas tardé à en être informé.

On pourrait objecter que, sans avoir été atteints par les travaux, les restes de Mirabeau peuvent se trouver aujourd'hui sous le parcours même du boulevard : la chose n'est pas vraisemblable; car, outre qu'à cet endroit le terrain du cimetière, plus élevé que les rues avoisinantes, a dû être fortement entamé pour être ramené au niveau de la chaussée actuelle, il serait facile de s'assurer que les conduites d'égout et de gaz s'enfoncent à une profondeur telle qu'on aurait, en les creusant, infailliblement rencontré le cercueil s'il s'était trouvé dans la partie du cimetière absorbée par le boulevard Saint-Marcel.

On a construit en 1874, en bordure de ce boulevard, une maison d'école communale qui occupe environ trois cents mètres carrés de la superficie de l'ancien cimetière. Là encore, malgré des travaux de fondation assez importants, on ne découvrit qu'une grande quantité d'ossements, mais aucun débris de cercueil de métal, aucune inscription. Et cependant, M. Grandjacquet, l'architecte directeur des travaux, savait qu'il sondait le terrain où avaient été déposés les restes de Mirabeau, et, dans l'espoir de retrouver les cendres du grand orateur, se faisait présenter le moindre objet découvert par ses ouvriers.

Voici, d'ailleurs, quelques renseignements que m'a fournis M. Grandjacquet au sujet des travaux nécessités par les fondations de l'école du boulevard Saint-Marcel, et des fouilles auxquelles ils ont donné lieu :

L'école n'ayant point de sous-sols, on n'eut point de déblais considérables à faire pour sa construction ; on creusa seulement une vingtaine de puits de huit à onze mètres de profondeur et d'un mètre de diamètre. Le sol était littéralement comblé de cadavres et d'ossements jusqu'à une profondeur de huit à dix mètres. On trouva des débris de cercueils de bois et quelques menus objets en métal, tels que croix, médailles, etc.

A une distance de douze mètres environ du mur *est* de l'enclos, le terrain fut trouvé très friable, et la suite des travaux fit découvrir qu'on se trouvait là sur l'emplacement de l'ancienne fosse commune. Le forage des puits à cet endroit présenta de grandes difficultés, car les corps, loin d'être réduits à l'état de squelettes, se présentaient sous l'aspect d'une boue liquide mêlée d'ossements : on fut obligé de se servir d'un outil spécial, dit *cuiller*, pour enlever ces matières décomposées. L'ouverture de cette fosse commune ne mit à jour aucun débris de cercueil; on remarqua seulement que bien des crânes étaient percés de trous ronds du diamètre d'une pièce de dix centimes, ce qui s'explique par ce fait que, pendant de longues années, les corps reçus par le cimetière provenaient de l'Hôtel-Dieu et passaient par l'amphithéâtre d'anatomie, où ils étaient soumis à des expériences scientifiques. Ces trous ronds étaient les traces de l'opération du trépan.

Toutes ces fouilles n'eurent lieu que dans l'espace aujourd'hui occupé par l'école, et l'architecte est certain qu'il eût été instruit de toute découverte intéressante faite à cet endroit; car, suivant exactement les travaux, il se fit remettre tous les objets trouvés par les ouvriers. Les recherches ne firent rencontrer ni cercueil de métal, ni lame de plomb, ni aucune inscription.

Le reste de l'enclos (partie occupée par la cour de l'école) ne fut pas fouillé; mais lorsqu'on creusa la fondation du mur qui sépare le terrain concédé à l'école, du jardin de l'amphithéâtre d'anatomie, mur qui coupe dans toute sa largeur l'ancien cimetière, on reconnut encore là l'existence de la fosse commune; l'architecte, voyant l'impossibilité d'établir une maçonnerie sur ces matières décomposées, fut forcé de construire à la base du mur une arche en cintre surbaissé qui franchît la fosse commune au-dessous du niveau du sol.

Si l'on ajoute un conduit d'égout de quatre mètres cinquante centimètres de profondeur, creusé au pied du mur *est* de l'enclos, on aura mentionné tous les travaux opérés dans l'ancien cimetière.

Pourtant la rumeur se répandait dans le quartier que les fouilles allaient mettre à découvert les restes de Mirabeau. Des ouvriers indiquèrent même la place où, suivant la tradition, son cercueil aurait été enfoui, ajoutant qu'on le reconnaîtrait à ce qu'il était entouré dans le sol même d'un grillage de fer[1].

M. Grandjacquet vint un dimanche d'hiver avec quelques ouvriers et commença des recherches à la place indiquée ; mais ces fouilles, qui ne durèrent qu'un jour, restèrent sans résultat et ne furent pas continuées ; l'architecte étant du reste persuadé que le corps de Mirabeau n'avait point été inhumé dans un emplacement spécial, mais avait été jeté à la fosse commune.

Il existe sur ce point un témoignage précieux : c'est celui de M. Provotelle, proviseur du lycée de Mont-de-Marsan, et fils d'un ancien employé de l'amphithéâtre de Clamart. Le fossoyeur qui avait confié à la terre le cercueil de Mirabeau s'appelait le père Lelièvre : il avait transmis l'indication de la place où dormait le grand orateur à M. Serres, directeur de Clamart ; mais deux autres personnes ont eu connaissance de ce curieux renseignement ; c'est d'abord le fils du fossoyeur Lelièvre et ensuite M. Provotelle. D'après ce dernier, et ces assertions ont été rendues publiques par une lettre de M. Paul Robiquet, membre de la commission municipale de recherches sur l'histoire de la Révolution, au directeur du *Temps*, le cercueil se trouve, selon toute probabilité,

---

[1] Cette tradition populaire, qui en effet subsiste encore dans le quartier Saint-Marcel, fait évidemment ici quelque confusion. On lit dans *Paris, ses organes, ses fonctions...* par M. Maxime Du Camp : « C'est à Clamart que les suppliciés de Nivôse furent inhumés : *une grille de fer, placée dans la fosse même*, autour de leurs corps, permettra de les retrouver. »

ou sous le trottoir de la cour, ou sous la classe neuve qui touche le trottoir :

Il y a cinq longues fosses parallèles, perpendiculaires au boulevard. En les comptant à partir du mur où se trouvent maintenant la fontaine et les cabinets d'aisances, Mirabeau est dans la deuxième ou la troisième, mais pas dans les autres. Si le service d'architecture se souvient de la place où était le tombeau de Pichegru, celui de Mirabeau se trouve à environ deux mètres à droite, en faisant face au boulevard. La fosse est une fosse commune qui a au moins six pieds de profondeur. Elle était pleine de cadavres enterrés sans cercueils, l'usage étant alors d'enterrer ainsi les pauvres gens. Le cercueil de Mirabeau est en plomb, tout à fait au fond. Si l'on rencontre ailleurs des cercueils de plomb, ils doivent se trouver presque à la surface, car ils appartiennent à des concessions à perpétuité qui n'occupaient que le dessus des fosses. M. Serres a maintes fois indiqué à Provotelle la place tant cherchée depuis, et, la frappant du pied, s'écriait : « C'est là que se trouve Mirabeau [1]. »

M. Serres et M. Provotelle n'ont pas été, du reste, les seuls confidents du fossoyeur de Clamart ; le père Lelièvre avait jadis fait part de son secret à un écrivain curieux des choses de la Révolution, à Charles Nodier ; celui-ci étant venu un jour visiter l'ancien cimetière, le fossoyeur l'avait conduit vers le milieu de l'enceinte, à sept ou huit pas au-dessous de la tombe de Pichegru, et frappant la terre du pied : « C'est ici, disait-il, qu'est enterré Mirabeau ; c'est ici, j'en réponds, car j'ai aidé à le

[1] Voir le *Temps* du 31 juillet 1889.

descendre dans la fosse ; et même j'ai manqué d'y rouler, tant était lourd son maudit cercueil de plomb. »

Et Michelet vient ajouter à ces assertions si concordantes, émanées de témoins si divers, l'autorité de son récit :

« ..... Un des citoyens huissiers de la Convention s'est avancé vers la porte d'entrée du dit Panthéon, y a fait lecture du décret qui exclut d'y celui les restes d'Honoré Riquetti Mirabeau, qui aussitôt ont été portés dans un cercueil de bois hors de l'enceinte du dit temple, et, nous ayant été remis, nous avons fait conduire et déposer le dit cercueil dans le lieu ordinaire des sépultures. »

« Ce lieu n'est autre que Clamart, cimetière des suppliciés, dans le faubourg Saint-Marceau. Le corps y fut porté pendant la nuit et inhumé sans nul indice, vers le milieu de l'enceinte. Il y est encore aujourd'hui [1], selon toute apparence : voilà plus d'un demi-siècle que Mirabeau est là, dans la terre des suppliciés. La jeunesse studieuse qui fréquente cette enceinte, aujourd'hui consacrée aux études anatomiques, doit savoir qu'elle marche tous les jours sur le corps de Mirabeau. Il est là encore, dans son cercueil de plomb ; le centre de l'enceinte n'a jamais été fouillé... »

Et l'affirmation du grand historien repose, elle aussi, sur le récit du père Lelièvre, le seul témoin oculaire qui ait conservé le souvenir de la nuit du 21 septembre 1794. Madame Michelet écrivait, en effet, dans une lettre datée du 3 août 1888, et adressée à M. Bailly [2], maire de Montargis (Loiret) :

[1] Michelet écrivait ces lignes en 1847.
[2] Une statue a été élevée à Mirabeau à Montargis, chef-lieu de l'arron-

« On a dit à tort qu'à l'époque où fut élevé l'amphithéâtre de dissection sur l'emplacement de l'ancien cimetière, on ne trouva aucune trace de la sépulture du grand orateur. Cette assertion est erronée.

« Lorsque Michelet réclama pour que l'expiation infligée par nos pères eût un terme, il ajouta : *Le cercueil repose vers le milieu de l'enceinte.*

« De qui tenait-il ce renseignement? Du docteur Serres, professeur au Jardin des plantes et directeur de l'amphithéâtre de Clamart. »

Et la veuve de l'illustre historien de la Révolution ajoute :

« Cette même information m'a été donnée plus précise encore par M. G. Pouchet, directeur de l'Aquarium de Concarneau. Il la tient, lui aussi, de M. Serres, qui lui a conté ainsi ce fait important : « Lorsqu'on construisit les pavillons de l'amphithéâtre, on trouva, en creusant les fondations, le cercueil de Pichegru, sur le crâne duquel pendaient encore ses cadenettes, et le cercueil de Mirabeau, qui ne fut pas ouvert, mais reconnu tel, parce qu'il portait une plaque de cuivre disant que le cercueil était le sien. J'ai vu la chose d'autant plus près, que j'avais été commis, comme directeur, pour ces exhumations et celle d'une Sœur Madeleine, morte en odeur de sainteté. »

« Le cercueil de Mirabeau fut de nouveau inhumé dans l'alignement ou le voisinage d'une allée d'arbres qui existe encore aujourd'hui (1868).

« Dans sa lettre datée de Concarneau, M. Pouchet ajoutait : « Si mes souvenirs ne me trompent pas, la famille de Mirabeau, « qui avait un de ses membres au Conseil d'État impérial, son-

dissement où est né le grand tribun; l'inauguration du monument a eu lieu en août 1888, en présence de M. Carnot, président de la République, et avec le concours de la municipalité montargeoise.

« gea, vers cette même époque, à faire exhumer le corps. Les
« Tuileries s'y opposèrent[1]. »

Ainsi, l'examen des plans anciens et des transforma-
tions subies par le terrain depuis 1794, les récits des
historiens, les fouilles déjà faites dans le sol du cimetière,
tout se réunit pour établir la presque évidence de ce fait :
le corps de Mirabeau se trouve aujourd'hui à quelques
pieds de profondeur sous la cour de l'école du boulevard Saint-Marcel. Et, coïncidence véritablement remar-

---

[1] Les personnes qui ont visité l'enclos de Clamart ou qui connaissent
les anciens plans de Paris pourraient élever ici une objection plus appa-
rente que réelle. Les jardins de l'ancien hôtel de Crony-Clamart avaient
été transformés en cimetière pour les hôpitaux vers la fin du dix-septième
siècle. Déjà comblés de cadavres au commencement de la Révolution,
c'est tout au plus si l'on trouva place pour les victimes des massacres
de Septembre. A la fin de 1793, le cimetière fut définitivement fermé.
Cependant, jusqu'en 1814, on continua d'inhumer dans un enclos voisin
qui s'appelait officiellement *Cimetière Sainte-Catherine*, mais que le
peuple persistait à nommer *Cimetière de Clamart*. D'où une confusion
facile à expliquer.

Bien des corps ont été enterrés à Sainte-Catherine qui sont réputés
avoir été portés à Clamart. Du reste, les deux cimetières se touchaient et
n'étaient séparés que par un mur.

Mirabeau n'a pu être inhumé dans la partie de l'enclos sur laquelle
s'élèvent aujourd'hui les bâtiments de l'amphithéâtre d'anatomie, puisqu'on
n'enterrait plus là depuis la fin de 1793. C'est donc dans la partie occupée
aujourd'hui par la cour de l'école, c'est-à-dire dans l'ancien cimetière
Sainte-Catherine, que son corps fut déposé. Les souvenirs personnels de
M. Provotelle sont absolument d'accord sur ce point avec les documents
historiques. Il habitait encore en 1867 — il avait alors dix-huit ans —
la maison de Clamart; le jardin de son père bordait la fosse Sainte-
Catherine et n'en était séparé que par un treillage; et pourtant lui-même
ne nomme jamais l'endroit autrement que *Cimetière de Clamart*. Quoi
d'étonnant alors à ce que Michelet et en général tous les historiens de la
Révolution s'y soient également trompés? Donc lorsqu'ils écrivent :
« Mirabeau fut inhumé à Clamart en 1794 », il faut sous-entendre :

quable, les recherches faites uniquement à l'aide des documents historiques se trouvent en concordance parfaite avec les souvenirs de ceux qui, tels que Charles Nodier, MM. Serres, Provotelle, etc., ont connu les témoins oculaires de l'inhumation de Mirabeau.

Si donc la dépouille du célèbre orateur de la Constituante n'a pas été enlevée ou déplacée secrètement, — et c'est là une hypothèse peu vraisemblable, — elle est là, dans cet espace restreint qui, par une série de hasards, — fait bien rare dans une ville telle que Paris, — est

« Au lieu dit cimetière Sainte-Catherine », puisque Clamart avait été fermé l'année précédente.

Maxime Du Camp a très bien éclairci cette confusion résultant du voisinage des deux cimetières : « A la fin de 1793, dit-il, le cimetière de Clamart fut fermé ; cependant, tous les historiens jusqu'en 1814 le citent sous ce nom. L'hôpital Sainte-Catherine avait, le 31 mai 1783, acheté trois jardins contigus à Clamart, dont ils n'étaient séparés que par un mur, pour y créer un cimetière qui fut bénit le 2 octobre de la même année par le curé de Saint-Gervais. Lorsque Clamart fut fermé, Sainte-Catherine continua à rester ouvert. Le peuple n'y regarda pas de si près ; le nom auquel on était habitué se substitua à un nom plus nouveau, et, pour tout le monde, le cimetière Sainte-Catherine fut le cimetière de Clamart. C'est à Sainte-Catherine que Mirabeau entra en sortant du Panthéon ; enfoui à deux mètres de profondeur, son cercueil y est encore, et l'on pourra le reconnaître à la plaque de cuivre rouge sur laquelle sont inscrits les noms et les titres du grand tribun. »

Louis Blanc, qui avait tant recherché et interrogé les témoins de la Révolution, n'est point tombé dans l'erreur commune ; il ne précise pas, il est vrai :

« Mirabeau est quelque part, dit-il, entre les rues Fer-à-Moulins, des Francs-Bourgeois et des Fossés-Saint-Marcel. Dans une fosse sans nom que chaque jour foule le passant distrait, *tout près du cimetière de Clamart*, sont les cendres de celui qui..., etc. »

Un coup d'œil jeté au plan de l'enclos de Clamart et de Sainte-Catherine éclaircira mieux qu'une description cette confusion trop commune.

resté intact depuis cent ans. Bien plus, les travaux qui ont entamé le sol du cimetière de Clamart-Sainte-Catherine n'ont fait que restreindre le périmètre du terrain où l'on doit chercher le cercueil de Mirabeau, sans qu'il soit à craindre que ces travaux l'aient recouvert. Le percement du boulevard, les forages des fondations de l'école, n'ont mis à jour qu'une grande quantité d'ossements, nul cercueil de métal, nulle plaque de cuivre, nulle inscription. On est donc autorisé à conclure que les restes de Mirabeau se trouvent sous la partie du cimetière qui n'a jamais été ouverte, c'est-à-dire sous la cour de l'école.

Une objection pourrait être tirée du texte même du seul acte qui ait été dressé de la translation du corps de Mirabeau, acte cité par Michelet et dont on a lu plus haut un extrait.

« Les restes d'Honoré Riquetti Mirabeau, y est-il dit, ont été portés dans un *cercueil de bois* hors de l'enceinte du dit temple... »

Si cette mention était strictement exacte, il serait à craindre que la dépouille du tribun, jetée en cet état à la fosse commune, ne puisse plus aujourd'hui, après un siècle, être distinguée des autres corps qui l'environnent. Mais il est évident que ce cercueil de bois a reçu pour le transport à Clamart, non seulement le corps, mais encore le cercueil de plomb dans lequel on l'avait scellé le 3 avril 1791, au lendemain de la mort.

« Le cadavre, dit le procès-verbal officiel de l'embaumement du corps de Mirabeau, le cadavre a été renfermé dans un cercueil de plomb recouvert d'une lame de même métal, qui a été soudée par les frères Jacques et Louis Allain, ouvriers du sieur Laurent, maître plombier, rue des Lavandières-Sainte-Opportune. Le cœur a été embaumé séparément, mis et renfermé dans une boîte de plomb... »

C'est donc en cet état que la dépouille de Mirabeau avait été déposée au Panthéon. Si, le 21 septembre 1794, on l'a renfermée dans une bière de bois, c'est évidemment sans l'extraire du cercueil primitif : et cette évidence ressort non seulement des témoignages du fossoyeur Lelièvre, de M. Serres, de M. Pouchet, de M. Provotelle... non seulement des affirmations de Louis Blanc, de Charles Nodier, de tous les historiens, mais elle ressort surtout du procès-verbal même de transfert ; il est bien certain, en effet, que si le cercueil de plomb avait été ouvert, l'huissier en présence duquel se serait faite cette opération n'aurait pas manqué d'en faire mention et d'indiquer, ne fût-ce que sommairement et à titre de constatation, l'état de conservation dans lequel le corps aurait été trouvé. Mention aurait été faite également de la fonte du cercueil de plomb et de sa remise à l'autorité militaire, ainsi que cela avait lieu lors de l'extraction des cercueils de Saint-Denis.

Non, le corps de Mirabeau n'a pas été retiré de son cercueil primitif ; la bière de bois n'a figuré là que comme symbole égalitaire ; probablement même n'a-t-elle servi qu'au transport du corps et n'a-t-elle pas été descendue dans la fosse. Et c'est si vrai que Michelet lui-même, après avoir cité ce procès-verbal où il est question de la *bière de bois*, n'hésite pas, dix lignes plus bas, à affirmer une fois de plus : « Il est encore là, *dans son cercueil de plomb...* »

La terre de Clamart rendra certainement la dépouille de Mirabeau dans un état de conservation parfait. Le corps de Pichegru, mort en prison d'une façon mystérieuse et à la veille de passer devant une commission militaire, n'avait certes pas été embaumé ni scellé dans une bière de plomb; et pourtant, lorsqu'on l'exhuma, sa tête portait encore les cadenettes à la mode au commencement du siècle.

C'est que le sol de ce vieux cimetière Sainte-Catherine, repu de matières animales, n'a pu fournir son œuvre de décomposition. Le phénomène de la saponification s'est produit là comme il se produit inévitablement dans tous les cimetières parisiens. Des fosses retournées cinquante ans après les inhumations ont rendu les cadavres parfaitement conservés. Le même fait a été observé au siècle dernier, lors de la translation des restes recueillis aux Innocents. Du reste, pour ne parler que de Clamart, Michelet assure qu'en fouillant (en 1847) la partie latérale du cimetière, le long des murs, on y a trouvé, dans leurs robes noires très bien conservées, des prêtres massacrés au 2 septembre 1792.

On peut donc, en résumé, affirmer presque avec certitude que le corps de Mirabeau, jeté en 1794 à la fosse commune de Clamart, vers le milieu de l'enceinte, se trouve encore aujourd'hui au même lieu, devenu la cour d'une école municipale. Il est enfoui, selon toutes les probabilités, au centre de cette cour, au fond de la fosse, profonde de plusieurs mètres, assure M. Provotelle, soit à quinze pas environ de la façade de la nouvelle école et à une égale distance du mur *est* de l'enclos. Les résultats donnés par les différents travaux dont le terrain a été l'objet depuis cent ans permettent, en outre, de supposer que le corps, renfermé dans un cercueil de plomb scellé d'une plaque de cuivre portant le nom de Mirabeau serait encore aujourd'hui tout au moins reconnaissable.

G. PALLAIN,

Président de la Société historique et
archéologique du Gâtinais.

PARIS. TYPOGRAPHIE DE E. PLON, NOURRIT ET Cie, RUE GARANCIÈRE, 8.